प्रेरणात्मक विचार

स्थापित 1912
100 वर्षों की
श्रेष्ठ प्रकाशन परम्परा
राजपाल

₹ 175

ISBN : 9788170289241

PRERNATMAK VICHAR of Mahatma Gandhi

Compiled by Meera Johri

मुद्रक : शिव शक्ति प्रिंटर्स, दिल्ली

राजपाल एण्ड सन्ज़

1590, मदरसा रोड, कश्मीरी गेट, दिल्ली–110006

फोन : 011–23869812, 23865483, 23867791

e-mail : sales@rajpalpublishing.com

www.rajpalpublishing.com

www.facebook.com/rajpalandsons

प्रेरणात्मक विचार

महात्मा गाँधी

राजपाल

भारतभूमि मूल रूप से
कर्मभूमि है
न कि भोगभूमि

स्वराज एक पवित्र वैदिक शब्द है
जिसका अर्थ आत्मानुशासन और आत्म-नियंत्रण है
निश्चित रूप से स्वराज का अर्थ
सभी नियंत्रणों से मुक्त होना नहीं है
जैसा कि हम आम तौर पर
स्वतंत्रता का अर्थ निकालते हैं

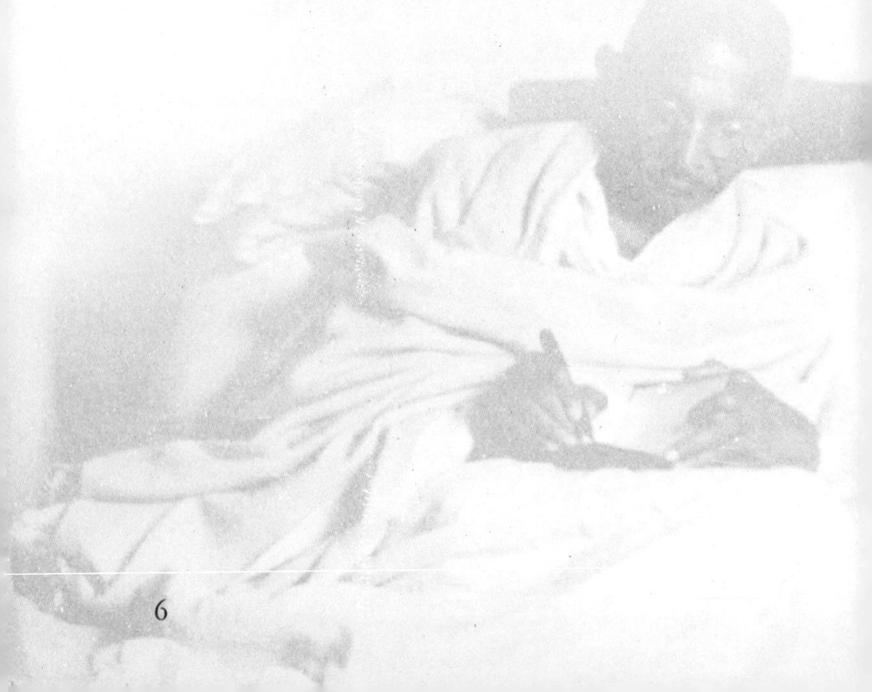

मेरे लिए देशभक्ति और मानवता
एक-दूसरे के पर्याय हैं
मैं अपने देश से प्रेम करता हूं
क्योंकि मैं एक मनुष्य हूं
और मुझमें मानवता है

अनुशासन और विनम्रता के
मेल से ही स्वतंत्रता का
सर्वोत्कृट रूप बनता है

समाज व्यक्तियों से मिलकर बनता है
यदि उन्हें ही उचित महत्त्व और सम्मान
नहीं मिला तो समाज में बचेगा क्या

मनुष्य का अपनी इंद्रियों पर संयम न होना
बिना पतवार की नाव में सवार होने जैसा है
ऐसी नाव का रास्ते की पहली चट्टान से
टकराते ही टुकड़े-टुकड़े होना निश्चित है

लक्ष्य की प्राप्ति उसके लिए
किए जाने वाले
प्रयासों पर निर्भर करती है
प्रयास जितने अधिक
किए जाएंगे
सफलता भी उतनी ही
अधिक मिलेगी

किसी ऐसे स्वस्थ व्यक्ति
को
मुफ़्त भोजन करवाना
मेरे लिए अहिंसा नहीं है
जिसने उसे पाने के लिए
ईमानदारी से श्रम न किया हो

अहिंसा का अर्थ
निष्क्रियता नहीं, बल्कि
यह एक ऐसा नैतिक मूल्य है
जो व्यक्ति को कष्ट सहकर भी
अपने सिद्धांतों पर अटल रहना सिखाता है
अहिंसा का अर्थ किसी के
दुष्टतापूर्ण कार्यों के प्रति
मूक समर्पण करना नहीं
बल्कि निरंकुश व्यक्ति के
कार्यों का पुरज़ोर विरोध करना है

किसान का स्थान
समाज में सबसे ऊंचा होता है
फिर चाहे वह
अपनी ज़मीन पर खेती करे
या
किसी और के खेत पर मज़दूरी
इसलिए फसल पर पहला हक भी
उसी का बनता है न कि उन ज़मींदारों का
जो केवल फसल कटाई के समय ही
अपने खेतों पर जाते हैं

समाज का
सबसे निचला तबका
सबसे पहले
आज़ाद होना चाहिए

मेरे लिए खादी
भारतीयों की आर्थिक स्वतंत्रता
समानता और मानवता को
एक सूत्र में पिरोने वाली
लड़ी है

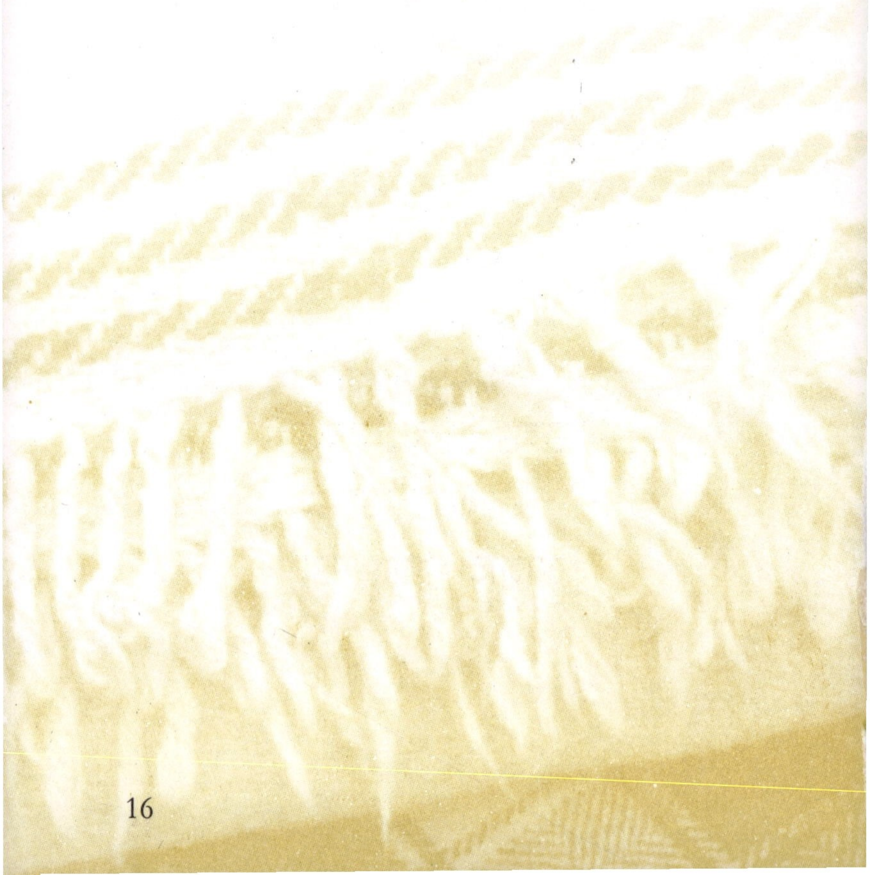

स्वदेशी

हमारे भीतर का वह भाव है
जो हमें विदेशी वस्तुओं के बजाय
अपने देश में तैयार
वस्तुओं का प्रयोग करने और अपने समाज की सेवा
करने की प्रेरणा
देता है

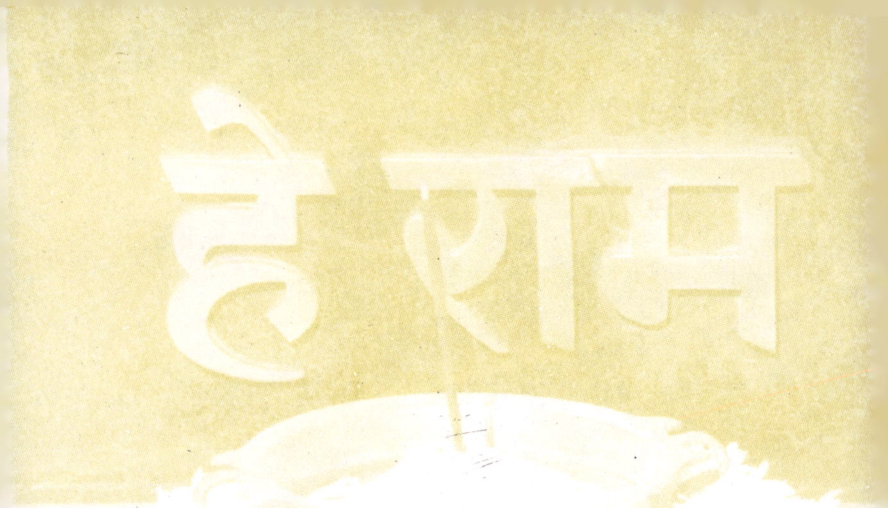

मेरी देशभक्ति अनन्य भी है
और सर्व-समावेशी भी
अनन्य इस अर्थ में कि मैं
विनम्रतापूर्वक अपना सारा ध्यान अपनी जन्मभूमि
की सेवा पर केंद्रित करता हूं और
सर्व-समावेशी इसलिए क्योंकि मेरी यह सेवा
प्रतियोगिता या प्रतिद्वंद्विता की भावना से
प्रेरित नहीं है

सत्य से असत्य, प्रेम से क्रोध और
आत्म-पीड़ा से हिंसा को
शांत किया जा सकता है
यह शाश्वत नियम न केवल संतों
बल्कि सभी के लिए है

रोगों का वास्तविक कारण
दुर्भावनावश या अज्ञानता
के कारण प्रकृति के नियमों का उल्लंघन करना है
यदि हमने समय रहते इन नियमों का पालन करना
सीख लिया तो हम
नीरोग
बन सकते हैं

भविष्य के भाग्यविधाता
बनने का दावा करने वाले नवयुवकों को
देश का नमक बनना होगा
यदि नमक ही अपना गुण खो देगा तो
स्वाद-सुगंध कहां से प्राप्त होगी

स्वयं को
किसी दायरे में बांध कोई भी संस्कृति
जीवित नहीं रह सकती
उसे सभी वर्गों और परंपराओं को
साथ लेकर
चलना ही होगा

हमें अपने बच्चों को बचपन से ही
श्रम की
गरिमा और उसके महत्त्व का
पाठ पढ़ाना चाहिए

साक्षरता
न तो शिक्षा का अंत है और
न ही उसकी शुरुआत
यह तो शिक्षा प्राप्त करने का केवल
एक साधन है
इसका अर्थ शिक्षा नहीं है

प्रेम
प्रतिद्वंद्वियों को जीतने का
सबसे कारगर उपाय है

शिक्षा का मोल समझने वाला
आजीवन
विद्यार्थी बना रहता है
उसके सीखने की
प्रक्रिया
कभी नहीं रुकती

महिला अधिकारों के मामले में
मुझे
कोई भी समझौता मंज़ूर नहीं है
किसी भी क्षेत्र में महिलाओं पर
ऐसी कोई कानूनी बाध्यता
नहीं होनी चाहिए जो पुरुषों पर न हो
लड़कों और लड़कियों
के साथ
समान व्यवहार होना चाहिए

चरित्र और शिक्षा ही
वह धरोहर है
जो माता-पिता अपनी सभी संतानों को
समान रूप से दे सकते हैं

प्रेम जताना
कायरों के वश की बात नहीं
यह तो
बहादुरों का विशेषाधिकार है

दिमाग को
हमेशा
दिल की सुननी चाहिए

तुम मुझे

ज़ंजीरों से बांध सकते हो

यातनाएं दे सकते हो

यहां तक कि मेरे शरीर को भी

नष्ट कर सकते हो

लेकिन मेरी सोच को

कभी

बंदी नहीं बना सकते

देश के अधिकतर लोगों का
निरक्षर होना
हमारे लिए अत्यंत शर्म की बात है
हमें इस समस्या को दूर करने का
हर संभव प्रयत्न करना चाहिए
साक्षरता अभियान अक्षरों की पहचान से ही
शुरू या खत्म नहीं होने चाहिए
उनमें जीवनोपयोगी शिक्षा का भी
समावेश होना चाहिए

हिंदू धर्म में व्याप्त

अस्पृश्यता

मानव और ईश्वर दोनों के ही

प्रति पाप है

यह धीमा ज़हर है जो हिंदू धर्म की

जड़ों को खोखला कर रहा है

मेरे विचार से अस्पृश्यता हिंदू धर्मशास्त्रों

द्वारा

सम्मत अवधारणा नहीं है

सच्चा आनंद
तभी मिलता है जब हमारे विचारों
कथनी और करनी में
फर्क
न हो

सभी धर्मों का स्रोत एक ही
ईश्वर है
लेकिन फिर भी कोई भी धर्म पूरी तरह से
दोषरहित नहीं है
क्योंकि वे सभी हम तक मानवीय हस्तक्षेप के बाद
पहुंचे हैं और मनुष्य स्वयं
गलतियों का पुतला है

प्रांतवाद की भावना हमारे लिए
अभिशाप है
हमने स्वयं को अपने शहर, अपने राज्य तक
सीमित कर लिया है जबकि हमें
भारत की सीमा को अपने ही प्रांत की
सीमा का विस्तार मानना चाहिए
तब पूरी धरती ही हमें
अपनी
लगने लगेगी

प्राचीनकाल में अस्पृश्यता को
स्वास्थ्य संबंधी नियम के रूप में
अपनाया गया था
भारत के बाहर, दुनिया के बाकी हिस्सों में इसे
आज भी इसी रूप में देखा जाता है
इसके अनुसार अस्वच्छ व्यक्ति और वस्तु
दोनों ही अस्पृश्य होते हैं लेकिन जिस पल उनकी
अस्वच्छता
दूर हो जाती है
वे अस्पृश्य नहीं रहते

धर्म
एक निजी मामला है
जिसका
राजनीति में कोई स्थान
नहीं होना चाहिए

अखबार में बहुत ताकत होती है
पर जैसे जल की प्रचंड धारा बंधनमुक्त होने पर
अपने आस-पास की भूमि को
जलमग्न और फसलों को नष्ट कर देती है
उसी प्रकार
अनियंत्रित अखबार या प्रेस भी
समाज को केवल हानि ही पहुंचाते हैं

वह दिन अभी दूर है
जब अन्तरराष्ट्रीय मसले
प्रेमपूर्वक सुलझाए जाएंगे
दिलों के बीच सरकारी मशीनरी आ जाने से
लोग एक-दूसरे के दिलों में छुपे
प्रेम को नहीं देख पाते

कायरता का
कोई शारीरिक इलाज नहीं है
उसे दूर करने का
एकमात्र उपाय
खतरों का सामना करना है

किसी भी महान् और चिरस्थायी
उपलब्धि के लिए
कठोर अनुशासन आवश्यक है
अनुशासन, कठिनाइयों की पाठशाला में ही
सीखा जा सकता है

जो

जनता का नेतृत्व करने का दावा करते हैं उन्हें दूसरों के दिखाए रास्ते पर चलने से दृढ़तापूर्वक इनकार कर देना चाहिए

योग्यता
बहुत-से लोगों में होती है
लेकिन जो पहला कदम उठाता है
वही नेता कहलाता है

कोई भी विचारधारा
सर्वश्रेष्ठ निर्णय के
एकाधिकार का दावा
नहीं कर सकती
भारत जैसे विशाल देश में
सभी विचारधाराओं को
स्थान मिलना चाहिए

मैं इस बात से पूरी तरह
आश्वस्त हूं
कि यदि नेताओं की मंशा लड़ने की न हो
तो आम लोग भी ऐसा
कभी नहीं चाहेंगे

किसी सार्वजनिक पद पर रहकर
यदि हम पाई-पाई का हिसाब
नहीं रखते
और पैसों का उचित उपयोग नहीं करते
तो हमें उस पद पर बने रहने का
कोई अधिकार नहीं है
जनता का पैसा
देश की
निर्धन जनता के लिए है

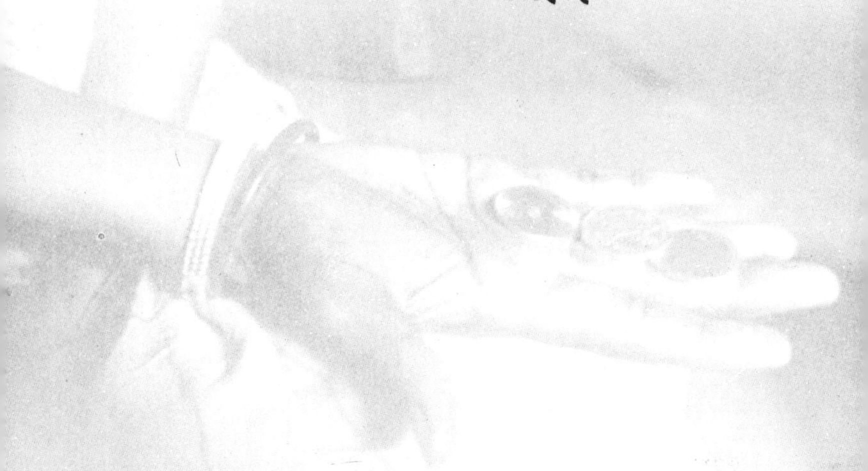

मैंने उन संस्थाओं का बहुत बुरा हश्र होते देखा है जो अपने सदस्यों के
चरित्र
की अनदेखी करती हैं

यदि नेता और सरकारी कर्मचारी
समय के
पाबंद हो जाएं
तो यह देश के विकास में
बहुमूल्य योगदान होगा

निजी स्वार्थ से किए गए कार्य
संसार के बंधन में
बांधते हैं जबकि परोपकार के लिए
किए गए कार्य
भव-बंधन से मुक्ति दिलवाते हैं

किसी भी नैतिक मूल्य में
विश्वास करने का
तब तक कोई लाभ नहीं जब तक
हम उसे अपने जीवन में
न अपनाएं

अहिंसा सर्वोच्च आदर्श है
यह
बहादुरों के लिए है
कायरों के लिए नहीं

संस्था जितनी बड़ी होगी, उसके दुरुपयोग की
आशंका भी उतनी ही अधिक होगी
लोकतंत्र एक विशाल संस्था है और इसलिए इसके
दुरुपयोग की
आशंका भी अत्यधिक है
लेकिन इसका उपाय लोकतंत्र की अनदेखी करना नहीं
बल्कि ऐसी किसी भी आशंका को
कम-से-कम करना है

समाज में न कोई ऊंचा होता है
और न ही कोई नीचा
जैसे शरीर में सिर को सिर्फ इसलिए
अन्य अंगों से अधिक महत्त्व नहीं दिया जा
सकता कि वह शरीर में सबसे ऊपर होता है
इसी तरह पैर के तलवे को नीचा
इसलिए नहीं माना जा सकता कि वह
ज़मीन को छूता है
जिस तरह शरीर के विभिन्न अंग समान होते हैं
उसी प्रकार समाज के
सभी सदस्य भी समान होते हैं
यही समाजवाद है

हर छोटा-बड़ा कार्य
तीन चरणों से होकर गुज़रता है
शुरुआत, संघर्ष
और सफलता

जब तक देश में एक भी
पुरुष या महिला
भूखा या बेरोज़गार है
तब तक हमारा भरपेट भोजन
या
आराम करना शर्म की बात है

जो किफायती है
निर्धनों के लिए वही
आध्यात्मिक है

सभ्यता शब्द का सही अर्थ
भौतिक सुख-सुविधाओं में वृद्धि नहीं
बल्कि
स्वैच्छिक प्रयासों से इच्छाओं को
कम करना है
इसी में सच्चा आनंद भी है

बीस लोगों का केंद्र में बैठकर
योजनाएं बनाना
सच्चा लोकतंत्र नहीं है
देश के हर गांव के लोगों की
प्रशासन में सक्रिय भागीदारी
होनी चाहिए

यदि अमीर और गरीब, सभी लोगों को किसी-न-किसी रूप में व्यायाम करना ही है तो क्यों न यह आजीविका के लिए किए जाने वाले श्रम के रूप में हो

कर्तव्य ही अधिकारों का
वास्तविक स्रोत है
यदि हम अपने सभी कर्तव्य पूरे करेंगे
तो अधिकार
खुद-ब-खुद
मिल जाएंगे

लोकतंत्र का अर्थ भीड़तंत्र नहीं है
लोकतंत्र में हर व्यक्ति की
अभिव्यक्ति की स्वतंत्रता की
जितनी रक्षा की जाती है
उतनी किसी और
शासन-व्यवस्था में नहीं की जाती

कोई भी व्यक्ति
जीवन के एक क्षेत्र में अच्छा
और दूसरे क्षेत्र में बुरा काम
साथ-साथ नहीं कर सकता
जीवन एक है
उसे अलग-अलग हिस्सों में
नहीं बांटा जा सकता

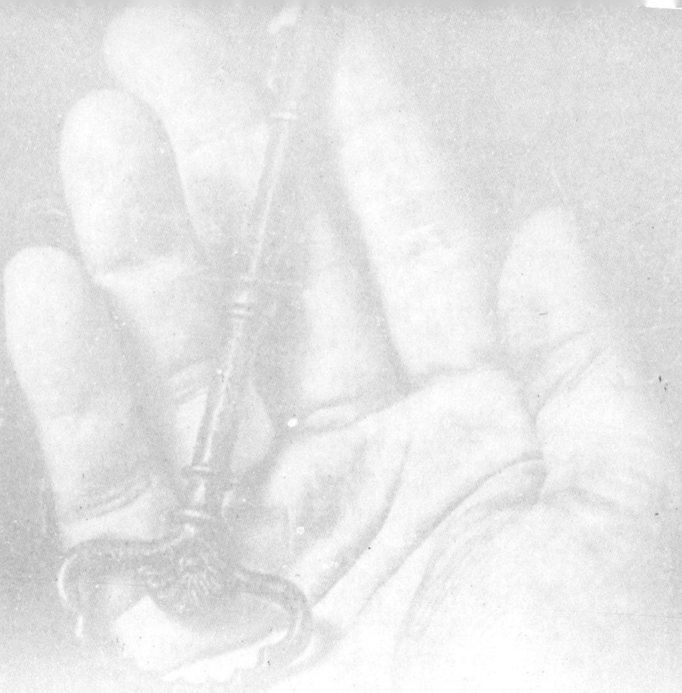

आर्थिक समानता अहिंसक रास्ते से
स्वतंत्रता
प्राप्त करने की अचूक कुंजी है

जीवन का अर्थ
केवल
भागम-भाग ही नहीं है

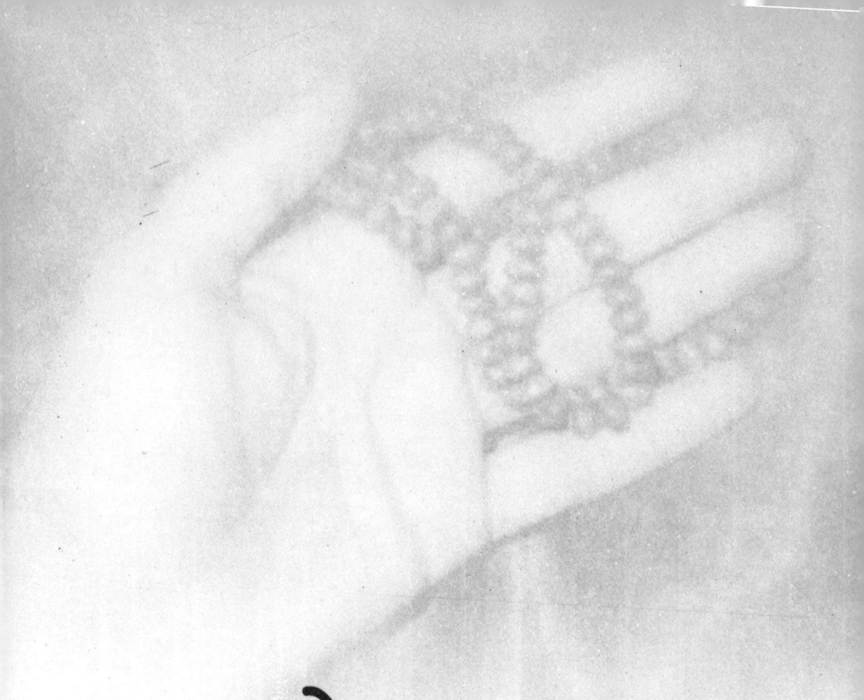

लोकतंत्र में सच्चा विश्वास
रखने वाला व्यक्ति जन्म से ही
अनुशासित होता है
वही व्यक्ति लोकतंत्र का सच्चा समर्थक
कहा जा सकता है जो मानवीय और दैवी
सभी नियम-कानूनों का
पूरी श्रद्धा से पालन करता हो

मैं अर्थशास्त्र और नीतिशास्त्र में
कोई फर्क नहीं समझता
जिस अर्थनीति से किसी व्यक्ति या राष्ट्र के
नैतिक स्वास्थ्य को नुकसान पहुंचता हो
वह अनैतिक और पापमयी है

अपवित्र साधनों से
प्राप्त किया गया साध्य भी
अपवित्र ही होता है

सरकार की शक्ति में अत्यधिक बढ़ोतरी से
मुझे डर लगता है क्योंकि शोषण कम कर वह भले
ही एक अच्छा कार्य
कर रही हो लेकिन व्यक्ति की पहचान नष्ट कर
मानवता के प्रति एक बड़ा अपराध कर रही है
देश की प्रगति तभी संभव है
जब सभी नागरिकों के व्यक्तित्व का
संपूर्ण विकास हो

किसी की अवज्ञा करते समय
सभ्यता के दायरे में रहना अत्यंत आवश्यक है
इसके लिए आपकी अवज्ञा में भी सम्मान
ईमानदारी और मर्यादित व्यवहार झलकना चाहिए
अवज्ञा का उद्देश्य केवल विद्रोह करना
नहीं होना चाहिए बल्कि इसे किसी
सोच-विचारे सिद्धांत पर आधारित होना चाहिए
न तो अवज्ञा केवल अपनी कोई सनक
पूरी करने के लिए करनी चाहिए
और न ही उसके पीछे कोई दुर्भावना
या घृणा भाव होना चाहिए

हमें स्वयं को उस मेहनतकश वर्ग की जगह रखकर
देखना चाहिए जो चिलचिलाती धूप में कड़ा
मेहनत करता है
क्या हम उस गंदे तालाब का पानी पी पाएंगे
जिसका वे उपयोग करते हैं
जब तक हम उनके अभावों को नहीं समझ पाते
तब तक न तो उनका प्रतिनिधित्व कर सकते हैं
और न ही यह अपेक्षा कर सकते हैं
कि वे हमें समझें

गांव हमारे देश की पहचान हैं
यदि वे नहीं बचे तो भारत भी
अपनी पहचान खो देगा

यह कहावत बहुत हद तक सच है कि
मनुष्य वही बनता है जो वह खाता है
भोजन जितना गरिष्ठ होगा
शरीर भी
उतना ही स्थूल होगा

यदि स्वदेशी को पूज्य वस्तु का
दर्जा दे दिया गया तो अन्य किसी भी
अच्छी वस्तु या विचार की तरह इसका भी
अंत निश्चित है
हमें इस खतरे से सावधान
रहना चाहिए

बदले की भावना
पूरे संसार को
विवेकहीन
बना सकती है

एक बार हमारे देश में पंचायती राज
स्थापित हो जाए तो
जनमत वह कर पाएगा जो हिंसा
कभी नहीं कर सकती

खादी अपनाने का वास्तविक अर्थ है
उत्पादों का विकेन्द्रीकरण
और
जीवनोपयोगी आवश्यकताओं का वितरण

व्यक्ति के विचार
उसके चरित्र का निर्माण करते हैं
वह वही बनता है
जो वह सोचता है

व्यक्ति स्वयं ही अपना
सच्चा
शिक्षक होता है

नैतिक परिणाम नैतिक नियंत्रणों द्वारा ही
प्राप्त किए जा सकते हैं
अन्य सभी नियंत्रण
अपने उद्देश्य की पूर्ति में
विफल रहते हैं

महिलाओं की पवित्रता को लेकर
हम इतने चिंतित क्यों रहते हैं
क्या महिलाओं को भी पुरुष-पवित्रता के संबंध में
कुछ कहने-सोचने का अधिकार है
महिलाओं की ऐसी किसी चिंता की तो
कभी कोई चर्चा नहीं होती

जिस पल किसी व्यक्ति के
उद्‍देश्यों पर
संदेह उत्पन्न हो जाता है
उसी पल
उसका किया हर कार्य
कलंकित हो जाता है

अगर हिंदू चाहते हैं कि
समाज के विभिन्न वर्गों में
एकता बनी रहे
तो उन्हें अल्पसंख्यकों को
साथ लेना ही होगा

चरखे के संबंध में मेरा दावा है कि वह आर्थिक समस्याओं को सबसे सरल कम खर्चीले और व्यावसायिक तरीके से हल कर सकता है इसलिए उसे पूरा सम्मान मिलना चाहिए

मैं संसार के जिस एकमात्र तानाशाह की
सत्ता स्वीकार करता हूं
वह मेरे भीतर की
शांत आवाज़ है

सच्ची शिक्षा वही है
जिसमें छात्र और छात्राएं
आत्मज्ञान की अधिकतम अनुभूति कर सकें
अनुपयुक्त तरीके से चुनी गई और अवांछित जानकारी
को छात्रों के दिमाग में ठूंसकर
ऐसा कभी नहीं किया जा सकता
तब शिक्षा ऐसा भयंकर बोझ बन जाती है
जो छात्रों की मौलिकता कुचल देती है और वे मशीन
बनकर रह जाते है

स्वतंत्र भारत में हिंदू राज नहीं होगा तब भारतीय राज चलेगा जो किसी बहुसंख्यक धार्मिक वर्ग या संप्रदाय पर आधारित न होकर धर्मभेद रहित सभी वर्गों के प्रतिनिधित्व पर आधारित होगा

स्वयं की खोज का सबसे अच्छा तरीका
स्वयं को दूसरों की सेवा में खो देना है

जिस तरह संपूर्ण संसार के नकारे जाने
के बावजूद ईश्वर है
उसी तरह भले ही लोग सत्य का समर्थन
करें या न करें
लेकिन उसका अस्तित्व है
वह एक ऐसा नैतिक मूल्य है
जिसे लोगों की मुहर की आवश्यकता नहीं है

हमें एक ऐसी भाषा की आवश्यकता है
जिसे पूरा भारत समझता हो
इसका उद्‌देश्य
प्रांतीय भाषाओं को कुचलना नहीं
बल्कि भारतीय भाषाओं के
बहुरंगी इंद्रधनुष में
एक और भाषा जोड़ना है

शस्त्ररहित अहिंसा में
सशस्त्र सेना से
कहीं अधिक शक्ति होती है

आत्मरक्षा के लिए ताकत नहीं

बल्कि

मौत का सामना करने का

हौसला चाहिए

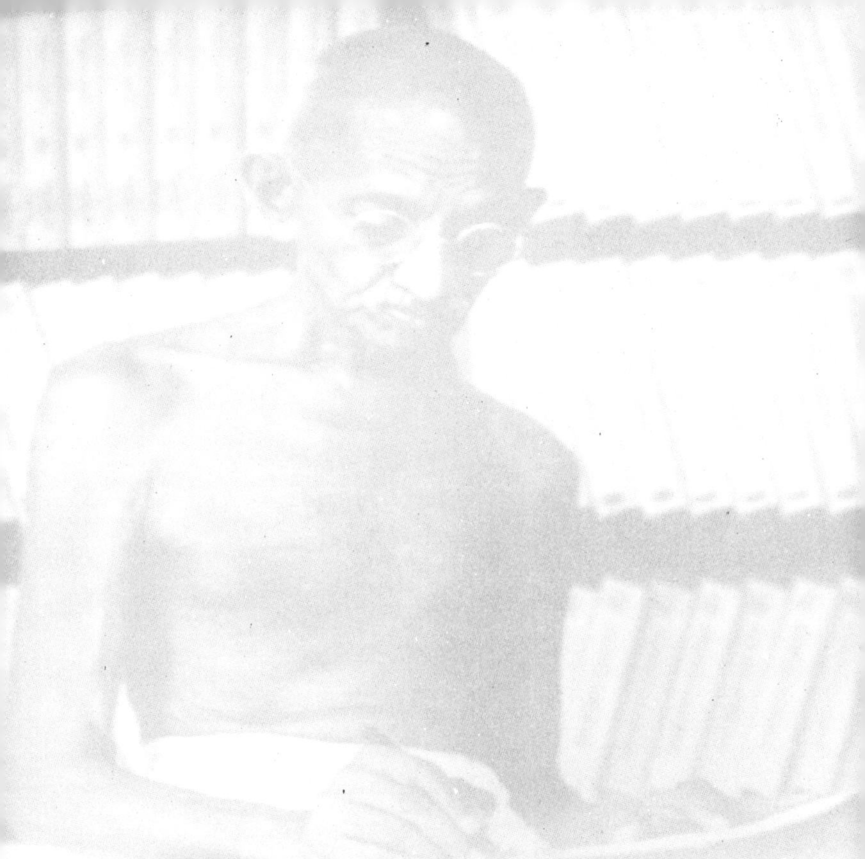

जब तक आपको किसी भी चीज़ से आत्मिक बल और संतुष्टि मिलती है, उसे अपने पास रखने में कोई हर्ज नहीं है

दुर्बल व्यक्ति
क्षमा नहीं कर सकता
क्षमा
शक्तिसम्पन्न लोगों का गुण है

समर्थकों की बड़ी संख्या से
कायर खुश होते हैं
पराक्रमी व्यक्ति अकेले
संघर्ष करने में ही
गर्व अनुभव करता है

मैं ऐसी यौन शिक्षा का समर्थन करता हूं
जिसका उद्द्देश्य यौन वासना पर
विजय पाना और उसका परिष्कार करना हो
निश्चित रूप से ऐसी शिक्षा बच्चों को
मनुष्य और पशु का भेद समझाएगी

प्रयास में उपलब्धि से अधिक
संतोष है, इसलिए
पूर्ण प्रयास का अर्थ है
पूर्ण सफलता

हम
जो परिवर्तन करना चाहते हैं
उन्हें सबसे पहले स्वयं हमें
अपनाना चाहिए

वर्तमान अंततः अनन्त काल में
विलीन हो जाता है
मैं वर्तमान के लिए अनन्त का
परित्याग नहीं कर सकता

क्रोध और असहिष्णुता विवेक के सबसे बड़े शत्रु हैं

शक्ति शारीरिक क्षमता से नहीं
बल्कि अदम्य इच्छा से
प्राप्त होती है

दृढ़ता के साथ कहा गया 'नहीं'
किसी को खुश करने
या संकट से बचने के लिए
कहे गए 'हां' से बेहतर होता है

वह धर्म
जिसका मनुष्य की रोज़मर्रा की समस्याओं से
कोई सरोकार नहीं और जो उन्हें सुलझाने का
कोई प्रयास नहीं करता
सही अर्थों में धर्म नहीं है

इंसान होने के नाते
हम इतने महान् नहीं कि संसार को
फिर से रच सकें
लेकिन अपने चरित्र को फिर से गढ़ना
हमारे ही हाथों में है